Libro di bordo del neonato

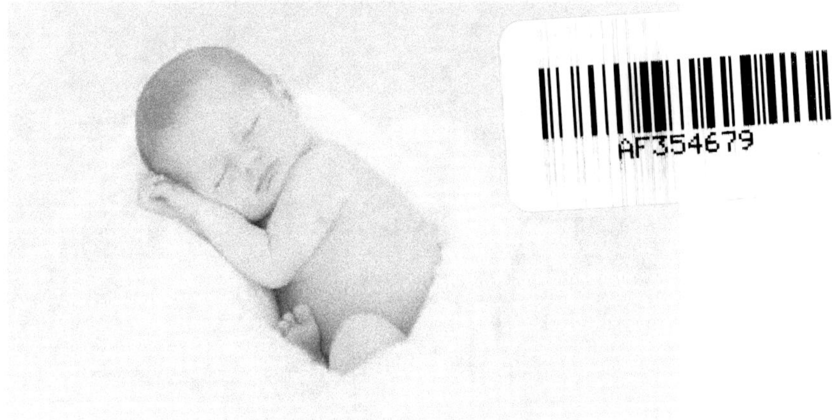

Questo libro appartiene a:

Questo libro di bordo per neonati vi aiuterà a tenere traccia della giornata del vostro bambino. Sono inclusi cambi di pannolino, orari di sonno, poppate, attività, umore del bambino, farmaci e note.

Libro di bordo del neonato

STATO D'ANIMO DEL BAMBINO 😁 ☹️ 😌 😐 😠   **DATA**

CIBO

AM			PM		
Tempo	Cibo	Importo	Tempo	Cibo	Importo

DORMIRE

AM			PM		
Inizio	Fine	Durata	Inizio	Fine	Durata

PANNOLIN

Pipì/cacca Tempo   Pipì/cacca Tempo

⭕ ⭕ ————   ⭕ ⭕ ————

⭕ ⭕ ————   ⭕ ⭕ ————

⭕ ⭕ ————   ⭕ ⭕ ————

NOTE SULL'ATTIVITÀ

Libro di bordo del neonato

STATO D'ANIMO DEL BAMBINO   😁 ☹ 😌 😐 😠   **DATA**

CIBO

AM				PM	
Tempo	Cibo	Importo	Tempo	Cibo	Importo

DORMIRE

AM				PM	
Inizio	Fine	Durata	Inizio	Fine	Durata

PANNOLIN

Pipì/cacca Tempo   Pipì/cacca Tempo

NOTE SULL'ATTIVITÀ

Libro di bordo del neonato

STATO D'ANIMO DEL BAMBINO   😁 ☹ 😌 😐 😠   **DATA**

CIBO

AM			**PM**		
Tempo	Cibo	Importo	Tempo	Cibo	Importo

DORMIRE

AM			**PM**		
Inizio	Fine	Durata	Inizio	Fine	Durata

PANNOLIN

Pipì/cacca Tempo

Pipì/cacca Tempo

NOTE SULL'ATTIVITÀ

Libro di bordo del neonato

STATO D'ANIMO DEL BAMBINO

DATA

CIBO

AM

Tempo	Cibo	Importo

PM

Tempo	Cibo	Importo

DORMIRE

AM

Inizio	Fine	Durata

PM

Inizio	Fine	Durata

PANNOLIN

Pipì/cacca Tempo

Pipì/cacca Tempo

NOTE SULL'ATTIVITÀ

Libro di bordo del neonato

STATO D'ANIMO DEL BAMBINO

DATA

CIBO

AM

Tempo	Cibo	Importo

PM

Tempo	Cibo	Importo

DORMIRE

AM

Inizio	Fine	Durata

PM

Inizio	Fine	Durata

PANNOLIN

Pipì/cacca Tempo

Pipì/cacca Tempo

NOTE SULL'ATTIVITÀ

Libro di bordo del neonato

STATO D'ANIMO DEL BAMBINO

DATA

CIBO

	AM				PM	
Tempo	Cibo	Importo		Tempo	Cibo	Importo

DORMIRE

	AM				PM	
Inizio	Fine	Durata		Inizio	Fine	Durata

PANNOLIN

Pipì/cacca Tempo

Pipì/cacca Tempo

NOTE SULL'ATTIVITÀ

Libro di bordo del neonato

STATO D'ANIMO DEL BAMBINO   **DATA**

CIBO

AM			PM		
Tempo	Cibo	Importo	Tempo	Cibo	Importo

DORMIRE

AM			PM		
Inizio	Fine	Durata	Inizio	Fine	Durata

PANNOLIN

Pipì/cacca Tempo   Pipì/cacca Tempo

NOTE SULL'ATTIVITÀ

Libro di bordo del neonato

STATO D'ANIMO DEL BAMBINO 😁 ☹ 😌 😐 😠   **DATA**

AM **CIBO** PM

Tempo	Cibo	Importo	Tempo	Cibo	Importo

AM **DORMIRE** PM

Inizio	Fine	Durata	Inizio	Fine	Durata

PANNOLIN

Pipì/cacca Tempo   Pipì/cacca Tempo

○ ○ ———   ○ ○ ———
○ ○ ———   ○ ○ ———
○ ○ ———   ○ ○ ———

NOTE SULL'ATTIVITÀ

Libro di bordo del neonato

STATO D'ANIMO DEL BAMBINO

DATA

CIBO

AM			PM		
Tempo	Cibo	Importo	Tempo	Cibo	Importo

DORMIRE

AM			PM		
Inizio	Fine	Durata	Inizio	Fine	Durata

PANNOLIN

Pipì/cacca Tempo

Pipì/cacca Tempo

NOTE SULL'ATTIVITÀ

Libro di bordo del neonato

STATO D'ANIMO DEL BAMBINO 😁 ☹ 😌 😐 😠 **DATA**

CIBO

| AM | | | PM | | |
Tempo	Cibo	Importo	Tempo	Cibo	Importo

DORMIRE

| AM | | | PM | | |
Inizio	Fine	Durata	Inizio	Fine	Durata

PANNOLIN

Pipì/cacca Tempo   Pipì/cacca Tempo

○ ○ ———   ○ ○ ———
○ ○ ———   ○ ○ ———
○ ○ ———   ○ ○ ———

NOTE SULL'ATTIVITÀ

Libro di bordo del neonato

STATO D'ANIMO DEL BAMBINO 😁 🙁 😌 😐 😠 **DATA**

CIBO

AM

Tempo	Cibo	Importo
______	______	______
______	______	______
______	______	______
______	______	______
______	______	______
______	______	______

PM

Tempo	Cibo	Importo
______	______	______
______	______	______
______	______	______
______	______	______
______	______	______
______	______	______

DORMIRE

AM

Inizio	Fine	Durata
______	______	______
______	______	______
______	______	______
______	______	______
______	______	______

PM

Inizio	Fine	Durata
______	______	______
______	______	______
______	______	______
______	______	______
______	______	______

PANNOLIN

Pipì/cacca Tempo

○ ○ ______
○ ○ ______
○ ○ ______

Pipì/cacca Tempo

○ ○ ______
○ ○ ______
○ ○ ______

NOTE SULL'ATTIVITÀ

Libro di bordo del neonato

STATO D'ANIMO DEL BAMBINO   😁 ☹ 😌 😐 😠   **DATA**

CIBO

Tempo	Cibo **AM**	Importo	Tempo	Cibo **PM**	Importo
___	___	___	___	___	___
___	___	___	___	___	___
___	___	___	___	___	___
___	___	___	___	___	___
___	___	___	___	___	___
___	___	___	___	___	___

DORMIRE

Inizio	Fine **AM**	Durata	Inizio	Fine **PM**	Durata
___	___	___	___	___	___
___	___	___	___	___	___
___	___	___	___	___	___
___	___	___	___	___	___
___	___	___	___	___	___

PANNOLIN

Pipì/cacca	Tempo	Pipì/cacca	Tempo
◯ ◯	___	◯ ◯	___
◯ ◯	___	◯ ◯	___
◯ ◯	___	◯ ◯	___

NOTE SULL'ATTIVITÀ

Libro di bordo del neonato

STATO D'ANIMO DEL BAMBINO

DATA

CIBO

	AM			PM	
Tempo	Cibo	Importo	Tempo	Cibo	Importo

DORMIRE

	AM			PM	
Inizio	Fine	Durata	Inizio	Fine	Durata

PANNOLIN

Pipì/cacca	Tempo	Pipì/cacca	Tempo
O O		O O	
O O		O O	
O O		O O	

NOTE SULL'ATTIVITÀ

Libro di bordo del neonato

STATO D'ANIMO DEL BAMBINO 😁 ☹️ 😌 😐 😠 **DATA**

CIBO

	AM				PM	
Tempo	Cibo	Importo		Tempo	Cibo	Importo

DORMIRE

	AM				PM	
Inizio	Fine	Durata		Inizio	Fine	Durata

PANNOLIN

Pipì/cacca Tempo

Pipì/cacca Tempo

NOTE SULL'ATTIVITÀ

Libro di bordo del neonato

STATO D'ANIMO DEL BAMBINO 😁 🙁 😌 😐 😠   **DATA**

CIBO

	AM				**PM**	
Tempo	Cibo	Importo		Tempo	Cibo	Importo

DORMIRE

	AM				**PM**	
Inizio	Fine	Durata		Inizio	Fine	Durata

PANNOLIN

Pipì/cacca Tempo   Pipì/cacca Tempo

NOTE SULL'ATTIVITÀ

Libro di bordo del neonato

STATO D'ANIMO DEL BAMBINO 😁 ☹️ 😌 😐 😠   **DATA**

CIBO

	AM				PM	
Tempo	Cibo	Importo		Tempo	Cibo	Importo

DORMIRE

	AM				PM	
Inizio	Fine	Durata		Inizio	Fine	Durata

PANNOLIN

Pipì/cacca Tempo   Pipì/cacca Tempo

NOTE SULL'ATTIVITÀ

Libro di bordo del neonato

STATO D'ANIMO DEL BAMBINO 😁 🙁 😌 😐 😠   **DATA**

CIBO

AM

Tempo	Cibo	Importo
‗	‗	‗
‗	‗	‗
‗	‗	‗
‗	‗	‗
‗	‗	‗
‗	‗	‗

PM

Tempo	Cibo	Importo
‗	‗	‗
‗	‗	‗
‗	‗	‗
‗	‗	‗
‗	‗	‗
‗	‗	‗

DORMIRE

AM

Inizio	Fine	Durata
‗	‗	‗
‗	‗	‗
‗	‗	‗
‗	‗	‗
‗	‗	‗
‗	‗	‗

PM

Inizio	Fine	Durata
‗	‗	‗
‗	‗	‗
‗	‗	‗
‗	‗	‗
‗	‗	‗
‗	‗	‗

PANNOLIN

Pipì/cacca	Tempo		Pipì/cacca	Tempo
○ ○	‗		○ ○	‗
○ ○	‗		○ ○	‗
○ ○	‗		○ ○	‗

NOTE SULL'ATTIVITÀ

Libro di bordo del neonato

STATO D'ANIMO DEL BAMBINO

DATA

CIBO

	AM			PM	
Tempo	Cibo	Importo	Tempo	Cibo	Importo

DORMIRE

	AM			PM	
Inizio	Fine	Durata	Inizio	Fine	Durata

PANNOLIN

Pipì/cacca	Tempo		Pipì/cacca	Tempo
○ ○			○ ○	
○ ○			○ ○	
○ ○			○ ○	

NOTE SULL'ATTIVITÀ

Libro di bordo del neonato

STATO D'ANIMO DEL BAMBINO 😁 ☹ 😌 😐 😠 **DATA**

CIBO

AM				PM	
Tempo	Cibo	Importo	Tempo	Cibo	Importo

DORMIRE

AM				PM	
Inizio	Fine	Durata	Inizio	Fine	Durata

PANNOLIN

Pipì/cacca	Tempo	Pipì/cacca	Tempo
○ ○	———	○ ○	———
○ ○	———	○ ○	———
○ ○	———	○ ○	———

NOTE SULL'ATTIVITÀ

Libro di bordo del neonato

STATO D'ANIMO DEL BAMBINO

DATA

CIBO

AM

Tempo	Cibo	Importo

PM

Tempo	Cibo	Importo

DORMIRE

AM

Inizio	Fine	Durata

PM

Inizio	Fine	Durata

PANNOLIN

Pipì/cacca Tempo

Pipì/cacca Tempo

NOTE SULL'ATTIVITÀ

Libro di bordo del neonato

STATO D'ANIMO DEL BAMBINO

DATA

CIBO

	AM			PM	
Tempo	Cibo	Importo	Tempo	Cibo	Importo

DORMIRE

	AM			PM	
Inizio	Fine	Durata	Inizio	Fine	Durata

PANNOLIN

Pipì/cacca Tempo

Pipì/cacca Tempo

NOTE SULL'ATTIVITÀ

Libro di bordo del neonato

STATO D'ANIMO DEL BAMBINO

DATA

CIBO

AM

Tempo	Cibo	Importo	Tempo	Cibo	Importo

PM

DORMIRE

AM

Inizio	Fine	Durata	Inizio	Fine	Durata

PM

PANNOLIN

Pipì/cacca Tempo

Pipì/cacca Tempo

NOTE SULL'ATTIVITÀ

Libro di bordo del neonato

STATO D'ANIMO DEL BAMBINO 😁 ☹️ 😌 😐 😠 **DATA**

CIBO

| AM | | | | PM | |
Tempo	Cibo	Importo	Tempo	Cibo	Importo

DORMIRE

| AM | | | | PM | |
Inizio	Fine	Durata	Inizio	Fine	Durata

PANNOLIN

Pipì/cacca	Tempo		Pipì/cacca	Tempo
○ ○			○ ○	
○ ○			○ ○	
○ ○			○ ○	

NOTE SULL'ATTIVITÀ

Libro di bordo del neonato

STATO D'ANIMO DEL BAMBINO

DATA

CIBO

AM

Tempo	Cibo	Importo

PM

Tempo	Cibo	Importo

DORMIRE

AM

Inizio	Fine	Durata

PM

Inizio	Fine	Durata

PANNOLIN

Pipì/cacca	Tempo
○ ○	
○ ○	
○ ○	

Pipì/cacca	Tempo
○ ○	
○ ○	
○ ○	

NOTE SULL'ATTIVITÀ

Libro di bordo del neonato

STATO D'ANIMO DEL BAMBINO 😁 ☹ 😌 😐 😠 **DATA**

CIBO

AM

Tempo	Cibo	Importo

PM

Tempo	Cibo	Importo

DORMIRE

AM

Inizio	Fine	Durata

PM

Inizio	Fine	Durata

PANNOLIN

Pipì/cacca Tempo

○ ○ ____
○ ○ ____
○ ○ ____

Pipì/cacca Tempo

○ ○ ____
○ ○ ____
○ ○ ____

NOTE SULL'ATTIVITÀ

Libro di bordo del neonato

STATO D'ANIMO DEL BAMBINO

😁 ☹ 😌 😐 😠

DATA

CIBO

	AM			PM	
Tempo	Cibo	Importo	Tempo	Cibo	Importo

DORMIRE

	AM			PM	
Inizio	Fine	Durata	Inizio	Fine	Durata

PANNOLIN

Pipì/cacca Tempo

O O ——————

O O ——————

O O ——————

Pipì/cacca Tempo

O O ——————

O O ——————

O O ——————

NOTE SULL'ATTIVITÀ

Libro di bordo del neonato

STATO D'ANIMO DEL BAMBINO

DATA

CIBO

AM

Tempo	Cibo	Importo

PM

Tempo	Cibo	Importo

DORMIRE

AM

Inizio	Fine	Durata

PM

Inizio	Fine	Durata

PANNOLIN

Pipì/cacca	Tempo		Pipì/cacca	Tempo
◯ ◯			◯ ◯	
◯ ◯			◯ ◯	
◯ ◯			◯ ◯	

NOTE SULL'ATTIVITÀ

Libro di bordo del neonato

STATO D'ANIMO DEL BAMBINO   😁 ☹ 😌 😐 😠   **DATA**

CIBO

AM

Tempo	Cibo	Importo

PM

Tempo	Cibo	Importo

DORMIRE

AM

Inizio	Fine	Durata

PM

Inizio	Fine	Durata

PANNOLIN

Pipì/cacca Tempo

○ ○ ________
○ ○ ________
○ ○ ________

Pipì/cacca Tempo

○ ○ ________
○ ○ ________
○ ○ ________

NOTE SULL'ATTIVITÀ

Libro di bordo del neonato

STATO D'ANIMO DEL BAMBINO 😁 ☹ 😌 😐 😠   **DATA**

CIBO

AM			PM		
Tempo	Cibo	Importo	Tempo	Cibo	Importo

DORMIRE

AM			PM		
Inizio	Fine	Durata	Inizio	Fine	Durata

PANNOLIN

Pipì/cacca Tempo	Pipì/cacca Tempo
◯ ◯ ————	◯ ◯ ————
◯ ◯ ————	◯ ◯ ————
◯ ◯ ————	◯ ◯ ————

NOTE SULL'ATTIVITÀ

Libro di bordo del neonato

STATO D'ANIMO DEL BAMBINO 😁 ☹️ 😌 😐 😠 **DATA**

CIBO

AM			**PM**		
Tempo	Cibo	Importo	Tempo	Cibo	Importo
____	____	____	____	____	____
____	____	____	____	____	____
____	____	____	____	____	____
____	____	____	____	____	____
____	____	____	____	____	____
____	____	____	____	____	____

DORMIRE

AM			**PM**		
Inizio	Fine	Durata	Inizio	Fine	Durata
____	____	____	____	____	____
____	____	____	____	____	____
____	____	____	____	____	____
____	____	____	____	____	____
____	____	____	____	____	____

PANNOLIN

Pipì/cacca	Tempo		Pipì/cacca	Tempo
○ ○	____		○ ○	____
○ ○	____		○ ○	____
○ ○	____		○ ○	____

NOTE SULL'ATTIVITÀ

Libro di bordo del neonato

STATO D'ANIMO DEL BAMBINO

DATA

CIBO

AM

Tempo	Cibo	Importo

PM

Tempo	Cibo	Importo

DORMIRE

AM

Inizio	Fine	Durata

PM

Inizio	Fine	Durata

PANNOLIN

Pipì/cacca	Tempo		Pipì/cacca	Tempo
O O			O O	
O O			O O	
O O			O O	

NOTE SULL'ATTIVITÀ

Libro di bordo del neonato

STATO D'ANIMO DEL BAMBINO   😁 ☹️ 😌 😐 😠   **DATA**

CIBO

	AM			PM	
Tempo	Cibo	Importo	Tempo	Cibo	Importo

DORMIRE

	AM			PM	
Inizio	Fine	Durata	Inizio	Fine	Durata

PANNOLIN

Pipì/cacca Tempo   Pipì/cacca Tempo

○ ○ ———   ○ ○ ———

○ ○ ———   ○ ○ ———

○ ○ ———   ○ ○ ———

NOTE SULL'ATTIVITÀ

Libro di bordo del neonato

STATO D'ANIMO DEL BAMBINO 😁 ☹ 😌 😐 😠   **DATA**

CIBO

Tempo	Cibo (AM)	Importo	Tempo	Cibo (PM)	Importo

DORMIRE

Inizio	Fine (AM)	Durata	Inizio	Fine (PM)	Durata

PANNOLIN

Pipì/cacca	Tempo		Pipì/cacca	Tempo
○ ○	———		○ ○	———
○ ○	———		○ ○	———
○ ○	———		○ ○	———

NOTE SULL'ATTIVITÀ

Libro di bordo del neonato

STATO D'ANIMO DEL BAMBINO 😁 ☹️ 😌 😐 😠 **DATA**

CIBO

AM

Tempo	Cibo	Importo

PM

Tempo	Cibo	Importo

DORMIRE

AM

Inizio	Fine	Durata

PM

Inizio	Fine	Durata

PANNOLIN

Pipì/cacca Tempo   Pipì/cacca Tempo

NOTE SULL'ATTIVITÀ

Libro di bordo del neonato

STATO D'ANIMO DEL BAMBINO   😁 ☹️ 😌 😐 😠   **DATA**

CIBO

AM

Tempo	Cibo	Importo
______	______	______
______	______	______
______	______	______
______	______	______
______	______	______
______	______	______

PM

Tempo	Cibo	Importo
______	______	______
______	______	______
______	______	______
______	______	______
______	______	______
______	______	______

DORMIRE

AM

Inizio	Fine	Durata
______	______	______
______	______	______
______	______	______
______	______	______
______	______	______

PM

Inizio	Fine	Durata
______	______	______
______	______	______
______	______	______
______	______	______
______	______	______

PANNOLIN

Pipì/cacca Tempo

○ ○ ——————
○ ○ ——————
○ ○ ——————

Pipì/cacca Tempo

○ ○ ——————
○ ○ ——————
○ ○ ——————

NOTE SULL'ATTIVITÀ

Libro di bordo del neonato

STATO D'ANIMO DEL BAMBINO   😁 ☹️ 😌 😐 😠   **DATA**

CIBO

AM

Tempo	Cibo	Importo
——	——	——
——	——	——
——	——	——
——	——	——
——	——	——
——	——	——

PM

Tempo	Cibo	Importo
——	——	——
——	——	——
——	——	——
——	——	——
——	——	——
——	——	——

DORMIRE

AM

Inizio	Fine	Durata
——	——	——
——	——	——
——	——	——
——	——	——
——	——	——

PM

Inizio	Fine	Durata
——	——	——
——	——	——
——	——	——
——	——	——
——	——	——

PANNOLIN

Pipì/cacca Tempo

○ ○ ——
○ ○ ——
○ ○ ——

Pipì/cacca Tempo

○ ○ ——
○ ○ ——
○ ○ ——

NOTE SULL'ATTIVITÀ

Libro di bordo del neonato

STATO D'ANIMO DEL BAMBINO

DATA

CIBO

AM

Tempo	Cibo	Importo

PM

Tempo	Cibo	Importo

DORMIRE

AM

Inizio	Fine	Durata

PM

Inizio	Fine	Durata

PANNOLIN

Pipì/cacca Tempo

O O ———
O O ———
O O ———

Pipì/cacca Tempo

O O ———
O O ———
O O ———

NOTE SULL'ATTIVITÀ

Libro di bordo del neonato

STATO D'ANIMO DEL BAMBINO

DATA

CIBO

AM

Tempo	Cibo	Importo

PM

Tempo	Cibo	Importo

DORMIRE

AM

Inizio	Fine	Durata

PM

Inizio	Fine	Durata

PANNOLIN

Pipì/cacca Tempo

○ ○ ———
○ ○ ———
○ ○ ———

Pipì/cacca Tempo

○ ○ ———
○ ○ ———
○ ○ ———

NOTE SULL'ATTIVITÀ

Libro di bordo del neonato

STATO D'ANIMO DEL BAMBINO   😁 ☹ 😌 😐 😠

DATA

CIBO

AM			**PM**		
Tempo	Cibo	Importo	Tempo	Cibo	Importo

DORMIRE

AM			**PM**		
Inizio	Fine	Durata	Inizio	Fine	Durata

PANNOLIN

Pipì/cacca Tempo

Pipì/cacca Tempo

NOTE SULL'ATTIVITÀ

Libro di bordo del neonato

STATO D'ANIMO DEL BAMBINO 😁 ☹ 😌 😐 😠 **DATA**

CIBO

	AM				PM	
Tempo	Cibo	Importo		Tempo	Cibo	Importo
____	____	____		____	____	____
____	____	____		____	____	____
____	____	____		____	____	____
____	____	____		____	____	____
____	____	____		____	____	____
____	____	____		____	____	____

DORMIRE

	AM				PM	
Inizio	Fine	Durata		Inizio	Fine	Durata
____	____	____		____	____	____
____	____	____		____	____	____
____	____	____		____	____	____
____	____	____		____	____	____
____	____	____		____	____	____

PANNOLIN

Pipì/cacca Tempo		Pipì/cacca Tempo
○ ○ ____		○ ○ ____
○ ○ ____		○ ○ ____
○ ○ ____		○ ○ ____

NOTE SULL'ATTIVITÀ

Libro di bordo del neonato

STATO D'ANIMO DEL BAMBINO 😁 ☹️ 😌 😐 😠   **DATA**

CIBO

| | AM | | | | PM | |
Tempo	Cibo	Importo		Tempo	Cibo	Importo
___	___	___		___	___	___
___	___	___		___	___	___
___	___	___		___	___	___
___	___	___		___	___	___
___	___	___		___	___	___
___	___	___		___	___	___

DORMIRE

| | AM | | | | PM | |
Inizio	Fine	Durata		Inizio	Fine	Durata
___	___	___		___	___	___
___	___	___		___	___	___
___	___	___		___	___	___
___	___	___		___	___	___
___	___	___		___	___	___
___	___	___		___	___	___

PANNOLIN

Pipì/cacca Tempo		Pipì/cacca Tempo
○ ○ ___		○ ○ ___
○ ○ ___		○ ○ ___
○ ○ ___		○ ○ ___

NOTE SULL'ATTIVITÀ

Libro di bordo del neonato

STATO D'ANIMO DEL BAMBINO 😁 ☹ 😌 😐 😠   **DATA**

CIBO

AM

Tempo	Cibo	Importo

PM

Tempo	Cibo	Importo

DORMIRE

AM

Inizio	Fine	Durata

PM

Inizio	Fine	Durata

PANNOLIN

Pipì/cacca Tempo

○ ○ ————
○ ○ ————
○ ○ ————

Pipì/cacca Tempo

○ ○ ————
○ ○ ————
○ ○ ————

NOTE SULL'ATTIVITÀ

Libro di bordo del neonato

STATO D'ANIMO DEL BAMBINO

DATA

CIBO

| | **AM** | | | | **PM** | |
Tempo	Cibo	Importo		Tempo	Cibo	Importo

DORMIRE

| | **AM** | | | | **PM** | |
Inizio	Fine	Durata		Inizio	Fine	Durata

PANNOLIN

Pipì/cacca Tempo

Pipì/cacca Tempo

NOTE SULL'ATTIVITÀ

Libro di bordo del neonato

STATO D'ANIMO DEL BAMBINO 😁 ☹️ 😌 😐 😠 **DATA**

CIBO

AM

Tempo	Cibo	Importo

PM

Tempo	Cibo	Importo

DORMIRE

AM

Inizio	Fine	Durata

PM

Inizio	Fine	Durata

PANNOLIN

Pipì/cacca	Tempo		Pipì/cacca	Tempo
○ ○			○ ○	
○ ○			○ ○	
○ ○			○ ○	

NOTE SULL'ATTIVITÀ

Libro di bordo del neonato

STATO D'ANIMO DEL BAMBINO

DATA

CIBO

Tempo	Cibo	Importo	Tempo	Cibo	Importo
AM			PM		

DORMIRE

Inizio	Fine	Durata	Inizio	Fine	Durata
AM			PM		

PANNOLIN

Pipì/cacca Tempo

Pipì/cacca Tempo

NOTE SULL'ATTIVITÀ

Libro di bordo del neonato

STATO D'ANIMO DEL BAMBINO 😁 ☹️ 😌 😐 😠   **DATA**

CIBO

AM			PM		
Tempo	Cibo	Importo	Tempo	Cibo	Importo
____	____	____	____	____	____
____	____	____	____	____	____
____	____	____	____	____	____
____	____	____	____	____	____
____	____	____	____	____	____
____	____	____	____	____	____

DORMIRE

AM			PM		
Inizio	Fine	Durata	Inizio	Fine	Durata
____	____	____	____	____	____
____	____	____	____	____	____
____	____	____	____	____	____
____	____	____	____	____	____
____	____	____	____	____	____

PANNOLIN

Pipì/cacca Tempo	Pipì/cacca Tempo
◯ ◯ ______	◯ ◯ ______
◯ ◯ ______	◯ ◯ ______
◯ ◯ ______	◯ ◯ ______

NOTE SULL'ATTIVITÀ

Libro di bordo del neonato

STATO D'ANIMO DEL BAMBINO

DATA

CIBO

AM

Tempo	Cibo	Importo

PM

Tempo	Cibo	Importo

DORMIRE

AM

Inizio	Fine	Durata

PM

Inizio	Fine	Durata

PANNOLIN

Pipì/cacca Tempo

Pipì/cacca Tempo

NOTE SULL'ATTIVITÀ

Libro di bordo del neonato

STATO D'ANIMO DEL BAMBINO 😁 ☹ 😌 😐 😠 **DATA**

CIBO

AM

Tempo	Cibo	Importo

PM

Tempo	Cibo	Importo

DORMIRE

AM

Inizio	Fine	Durata

PM

Inizio	Fine	Durata

PANNOLIN

Pipì/cacca Tempo

Pipì/cacca Tempo

NOTE SULL'ATTIVITÀ

Libro di bordo del neonato

STATO D'ANIMO DEL BAMBINO 😁 ☹ 😌 😐 😠   **DATA**

CIBO

Tempo	Cibo **AM**	Importo	Tempo	Cibo **PM**	Importo
___	___	___	___	___	___
___	___	___	___	___	___
___	___	___	___	___	___
___	___	___	___	___	___
___	___	___	___	___	___
___	___	___	___	___	___

DORMIRE

Inizio	Fine **AM**	Durata	Inizio	Fine **PM**	Durata
___	___	___	___	___	___
___	___	___	___	___	___
___	___	___	___	___	___
___	___	___	___	___	___
___	___	___	___	___	___

PANNOLIN

Pipì/cacca Tempo

O O ———
O O ———
O O ———

Pipì/cacca Tempo

O O ———
O O ———
O O ———

NOTE SULL'ATTIVITÀ

Libro di bordo del neonato

STATO D'ANIMO DEL BAMBINO   😁 ☹ 😌 😐 😠

DATA

CIBO

AM			PM		
Tempo	Cibo	Importo	Tempo	Cibo	Importo

DORMIRE

AM			PM		
Inizio	Fine	Durata	Inizio	Fine	Durata

PANNOLIN

Pipì/cacca Tempo   Pipì/cacca Tempo

NOTE SULL'ATTIVITÀ

Libro di bordo del neonato

STATO D'ANIMO DEL BAMBINO

DATA

CIBO

	AM			PM	
Tempo	Cibo	Importo	Tempo	Cibo	Importo

DORMIRE

	AM			PM	
Inizio	Fine	Durata	Inizio	Fine	Durata

PANNOLIN

Pipì/cacca	Tempo	Pipì/cacca	Tempo
○ ○		○ ○	
○ ○		○ ○	
○ ○		○ ○	

NOTE SULL'ATTIVITÀ

Libro di bordo del neonato

STATO D'ANIMO DEL BAMBINO 😁 ☹ 😌 😐 😠 **DATA**

CIBO

	AM				PM	
Tempo	Cibo	Importo		Tempo	Cibo	Importo

DORMIRE

	AM				PM	
Inizio	Fine	Durata		Inizio	Fine	Durata

PANNOLIN

Pipì/cacca Tempo   Pipì/cacca Tempo

NOTE SULL'ATTIVITÀ

Libro di bordo del neonato

STATO D'ANIMO DEL BAMBINO 😁 ☹️ 😌 😐 😠 **DATA**

CIBO

Tempo	Cibo (AM)	Importo	Tempo	Cibo (PM)	Importo

DORMIRE

Inizio	Fine (AM)	Durata	Inizio	Fine (PM)	Durata

PANNOLIN

Pipì/cacca Tempo   Pipì/cacca Tempo

○ ○ —————   ○ ○ —————

○ ○ —————   ○ ○ —————

○ ○ —————   ○ ○ —————

NOTE SULL'ATTIVITÀ

Libro di bordo del neonato

STATO D'ANIMO DEL BAMBINO   😁 ☹ 😌 😐 😠   **DATA**

CIBO

AM

Tempo	Cibo	Importo	Tempo	Cibo	Importo

PM (Tempo · Cibo · Importo)

DORMIRE

AM

Inizio	Fine	Durata	Inizio	Fine	Durata

PM (Inizio · Fine · Durata)

PANNOLIN

Pipì/cacca Tempo   Pipì/cacca Tempo

○ ○ ———   ○ ○ ———
○ ○ ———   ○ ○ ———
○ ○ ———   ○ ○ ———

NOTE SULL'ATTIVITÀ

Libro di bordo del neonato

STATO D'ANIMO DEL BAMBINO   😁 ☹ 😌 😐 😠

DATA

CIBO

Tempo	Cibo (AM)	Importo	Tempo	Cibo (PM)	Importo
____	____	____	____	____	____
____	____	____	____	____	____
____	____	____	____	____	____
____	____	____	____	____	____
____	____	____	____	____	____
____	____	____	____	____	____

DORMIRE

Inizio	Fine (AM)	Durata	Inizio	Fine (PM)	Durata
____	____	____	____	____	____
____	____	____	____	____	____
____	____	____	____	____	____
____	____	____	____	____	____
____	____	____	____	____	____

PANNOLIN

Pipì/cacca Tempo	Pipì/cacca Tempo
○ ○ ______	○ ○ ______
○ ○ ______	○ ○ ______
○ ○ ______	○ ○ ______

NOTE SULL'ATTIVITÀ

Libro di bordo del neonato

STATO D'ANIMO DEL BAMBINO

DATA

CIBO

AM

Tempo	Cibo	Importo

PM

Tempo	Cibo	Importo

DORMIRE

AM

Inizio	Fine	Durata

PM

Inizio	Fine	Durata

PANNOLIN

Pipì/cacca Tempo

○ ○ ————

○ ○ ————

○ ○ ————

Pipì/cacca Tempo

○ ○ ————

○ ○ ————

○ ○ ————

NOTE SULL'ATTIVITÀ

Libro di bordo del neonato

STATO D'ANIMO DEL BAMBINO   😁 ☹️ 😌 😐 😠

DATA

CIBO

Tempo	Cibo **AM**	Importo	Tempo	Cibo **PM**	Importo

DORMIRE

Inizio	Fine **AM**	Durata	Inizio	Fine **PM**	Durata

PANNOLIN

Pipì/cacca Tempo   Pipì/cacca Tempo

○ ○ ———   ○ ○ ———

○ ○ ———   ○ ○ ———

○ ○ ———   ○ ○ ———

NOTE SULL'ATTIVITÀ

Libro di bordo del neonato

STATO D'ANIMO DEL BAMBINO

DATA

CIBO

AM			PM		
Tempo	Cibo	Importo	Tempo	Cibo	Importo

DORMIRE

AM			PM		
Inizio	Fine	Durata	Inizio	Fine	Durata

PANNOLIN

Pipì/cacca Tempo

○ ○ ———————

○ ○ ———————

○ ○ ———————

Pipì/cacca Tempo

○ ○ ———————

○ ○ ———————

○ ○ ———————

NOTE SULL'ATTIVITÀ

Libro di bordo del neonato

STATO D'ANIMO DEL BAMBINO 😁 ☹ 😌 😐 😠 **DATA**

CIBO

AM

Tempo	Cibo	Importo
———	———	———
———	———	———
———	———	———
———	———	———
———	———	———
———	———	———

PM

Tempo	Cibo	Importo
———	———	———
———	———	———
———	———	———
———	———	———
———	———	———
———	———	———

DORMIRE

AM

Inizio	Fine	Durata
———	———	———
———	———	———
———	———	———
———	———	———
———	———	———

PM

Inizio	Fine	Durata
———	———	———
———	———	———
———	———	———
———	———	———
———	———	———

PANNOLIN

Pipì/cacca Tempo

○ ○ ———
○ ○ ———
○ ○ ———

Pipì/cacca Tempo

○ ○ ———
○ ○ ———
○ ○ ———

NOTE SULL'ATTIVITÀ

Libro di bordo del neonato

STATO D'ANIMO DEL BAMBINO 😁 ☹ 😌 😐 😠   **DATA**

CIBO

	AM				**PM**	
Tempo	Cibo	Importo		Tempo	Cibo	Importo
------	----	-------		-----	----	-------

DORMIRE

	AM				**PM**	
Inizio	Fine	Durata		Inizio	Fine	Durata
------	----	------		------	----	------

PANNOLIN

Pipì/cacca Tempo   Pipì/cacca Tempo

NOTE SULL'ATTIVITÀ

Libro di bordo del neonato

STATO D'ANIMO DEL BAMBINO 😁 ☹️ 😌 😐 😠 **DATA**

CIBO

Tempo	**AM** Cibo	Importo	Tempo	**PM** Cibo	Importo
———	———	———	———	———	———
———	———	———	———	———	———
———	———	———	———	———	———
———	———	———	———	———	———
———	———	———	———	———	———
———	———	———	———	———	———

DORMIRE

Inizio	**AM** Fine	Durata	Inizio	**PM** Fine	Durata
———	———	———	———	———	———
———	———	———	———	———	———
———	———	———	———	———	———
———	———	———	———	———	———
———	———	———	———	———	———
———	———	———	———	———	———

PANNOLIN

Pipì/cacca Tempo	Pipì/cacca Tempo
○ ○ ———	○ ○ ———
○ ○ ———	○ ○ ———
○ ○ ———	○ ○ ———

NOTE SULL'ATTIVITÀ

Libro di bordo del neonato

STATO D'ANIMO DEL BAMBINO 😁 ☹ 😌 😐 😠   **DATA**

CIBO

AM			PM		
Tempo	Cibo	Importo	Tempo	Cibo	Importo

DORMIRE

AM			PM		
Inizio	Fine	Durata	Inizio	Fine	Durata

PANNOLIN

Pipì/cacca Tempo ○ ○ ———

Pipì/cacca Tempo ○ ○ ———

NOTE SULL'ATTIVITÀ

Libro di bordo del neonato

STATO D'ANIMO DEL BAMBINO 😁 ☹️ 😌 😐 😠   **DATA**

CIBO

AM				**PM**		
Tempo	Cibo	Importo		Tempo	Cibo	Importo
___	___	___		___	___	___
___	___	___		___	___	___
___	___	___		___	___	___
___	___	___		___	___	___
___	___	___		___	___	___
___	___	___		___	___	___

DORMIRE

AM				**PM**		
Inizio	Fine	Durata		Inizio	Fine	Durata
___	___	___		___	___	___
___	___	___		___	___	___
___	___	___		___	___	___
___	___	___		___	___	___
___	___	___		___	___	___

PANNOLIN

Pipì/cacca Tempo   Pipì/cacca Tempo

○ ○ ___   ○ ○ ___
○ ○ ___   ○ ○ ___
○ ○ ___   ○ ○ ___

NOTE SULL'ATTIVITÀ

Libro di bordo del neonato

STATO D'ANIMO DEL BAMBINO 😁 ☹ 😌 😐 😠   **DATA**

CIBO

	AM			PM	
Tempo	Cibo	Importo	Tempo	Cibo	Importo

DORMIRE

	AM			PM	
Inizio	Fine	Durata	Inizio	Fine	Durata

PANNOLIN

Pipì/cacca	Tempo		Pipì/cacca	Tempo
○ ○			○ ○	
○ ○			○ ○	
○ ○			○ ○	

NOTE SULL'ATTIVITÀ

Libro di bordo del neonato

STATO D'ANIMO DEL BAMBINO

DATA

CIBO

Tempo	Cibo **AM**	Importo	Tempo	Cibo **PM**	Importo

DORMIRE

Inizio	Fine **AM**	Durata	Inizio	Fine **PM**	Durata

PANNOLIN

Pipì/cacca	Tempo		Pipì/cacca	Tempo
○ ○			○ ○	
○ ○			○ ○	
○ ○			○ ○	

NOTE SULL'ATTIVITÀ

Libro di bordo del neonato

STATO D'ANIMO DEL BAMBINO 😁 ☹ 😌 😐 😠 **DATA**

CIBO

	AM			PM	
Tempo	Cibo	Importo	Tempo	Cibo	Importo

DORMIRE

	AM			PM	
Inizio	Fine	Durata	Inizio	Fine	Durata

PANNOLIN

Pipì/cacca Tempo

○ ○ ——————

○ ○ ——————

○ ○ ——————

Pipì/cacca Tempo

○ ○ ——————

○ ○ ——————

○ ○ ——————

NOTE SULL'ATTIVITÀ

Libro di bordo del neonato

STATO D'ANIMO DEL BAMBINO   😁 ☹ 😌 😐 😠   **DATA**

CIBO

AM			PM		
Tempo	Cibo	Importo	Tempo	Cibo	Importo

DORMIRE

AM			PM		
Inizio	Fine	Durata	Inizio	Fine	Durata

PANNOLIN

Pipì/cacca Tempo   Pipì/cacca Tempo

NOTE SULL'ATTIVITÀ

Libro di bordo del neonato

STATO D'ANIMO DEL BAMBINO

DATA

CIBO

	AM			PM	
Tempo	Cibo	Importo	Tempo	Cibo	Importo

DORMIRE

	AM			PM	
Inizio	Fine	Durata	Inizio	Fine	Durata

PANNOLIN

Pipì/cacca Tempo

Pipì/cacca Tempo

NOTE SULL'ATTIVITÀ

Libro di bordo del neonato

STATO D'ANIMO DEL BAMBINO 😁 ☹ 😌 😐 😠 **DATA**

CIBO

	AM			PM	
Tempo	Cibo	Importo	Tempo	Cibo	Importo

DORMIRE

	AM			PM	
Inizio	Fine	Durata	Inizio	Fine	Durata

PANNOLIN

Pipì/cacca Tempo   Pipì/cacca Tempo

○ ○ ———   ○ ○ ———

○ ○ ———   ○ ○ ———

○ ○ ———   ○ ○ ———

NOTE SULL'ATTIVITÀ

Libro di bordo del neonato

STATO D'ANIMO DEL BAMBINO

😁 ☹️ 😌 😐 😠

DATA

CIBO

	AM			PM	
Tempo	Cibo	Importo	Tempo	Cibo	Importo

DORMIRE

	AM			PM	
Inizio	Fine	Durata	Inizio	Fine	Durata

PANNOLIN

Pipì/cacca	Tempo		Pipì/cacca	Tempo
○ ○			○ ○	
○ ○			○ ○	
○ ○			○ ○	

NOTE SULL'ATTIVITÀ

Libro di bordo del neonato

STATO D'ANIMO DEL BAMBINO

DATA

CIBO

| | AM | | | | PM | |
Tempo	Cibo	Importo		Tempo	Cibo	Importo

DORMIRE

| | AM | | | | PM | |
Inizio	Fine	Durata		Inizio	Fine	Durata

PANNOLIN

Pipì/cacca	Tempo		Pipì/cacca	Tempo
○ ○			○ ○	
○ ○			○ ○	
○ ○			○ ○	

NOTE SULL'ATTIVITÀ

Libro di bordo del neonato

STATO D'ANIMO DEL BAMBINO

DATA

CIBO

AM			PM		
Tempo	Cibo	Importo	Tempo	Cibo	Importo

DORMIRE

AM			PM		
Inizio	Fine	Durata	Inizio	Fine	Durata

PANNOLIN

Pipì/cacca Tempo	Pipì/cacca Tempo
○ ○ ———	○ ○ ———
○ ○ ———	○ ○ ———
○ ○ ———	○ ○ ———

NOTE SULL'ATTIVITÀ

Libro di bordo del neonato

STATO D'ANIMO DEL BAMBINO

DATA

CIBO

AM				PM	
Tempo	Cibo	Importo	Tempo	Cibo	Importo

DORMIRE

AM				PM	
Inizio	Fine	Durata	Inizio	Fine	Durata

PANNOLIN

Pipì/cacca	Tempo	Pipì/cacca	Tempo
○ ○		○ ○	
○ ○		○ ○	
○ ○		○ ○	

NOTE SULL'ATTIVITÀ

Libro di bordo del neonato

STATO D'ANIMO DEL BAMBINO

DATA

CIBO

	AM				PM	
Tempo	Cibo	Importo		Tempo	Cibo	Importo

DORMIRE

	AM				PM	
Inizio	Fine	Durata		Inizio	Fine	Durata

PANNOLIN

Pipì/cacca Tempo   Pipì/cacca Tempo

NOTE SULL'ATTIVITÀ

Libro di bordo del neonato

STATO D'ANIMO DEL BAMBINO 😁 ☹ 😌 😐 😠   **DATA**

CIBO

AM

Tempo	Cibo	Importo
____	____	____
____	____	____
____	____	____
____	____	____
____	____	____
____	____	____

PM

Tempo	Cibo	Importo
____	____	____
____	____	____
____	____	____
____	____	____
____	____	____
____	____	____

DORMIRE

AM

Inizio	Fine	Durata
____	____	____
____	____	____
____	____	____
____	____	____
____	____	____
____	____	____

PM

Inizio	Fine	Durata
____	____	____
____	____	____
____	____	____
____	____	____
____	____	____
____	____	____

PANNOLIN

Pipì/cacca Tempo

O O ______
O O ______
O O ______

Pipì/cacca Tempo

O O ______
O O ______
O O ______

NOTE SULL'ATTIVITÀ

Libro di bordo del neonato

STATO D'ANIMO DEL BAMBINO 😁 ☹️ 😌 😐 😠 **DATA**

CIBO

AM

Tempo	Cibo	Importo

PM

Tempo	Cibo	Importo

DORMIRE

AM

Inizio	Fine	Durata

PM

Inizio	Fine	Durata

PANNOLIN

Pipì/cacca Tempo

○ ○ ——————
○ ○ ——————
○ ○ ——————

Pipì/cacca Tempo

○ ○ ——————
○ ○ ——————
○ ○ ——————

NOTE SULL'ATTIVITÀ

Libro di bordo del neonato

STATO D'ANIMO DEL BAMBINO

DATA

CIBO

AM

Tempo	Cibo	Importo

PM

Tempo	Cibo	Importo

DORMIRE

AM

Inizio	Fine	Durata

PM

Inizio	Fine	Durata

PANNOLIN

Pipì/cacca Tempo

Pipì/cacca Tempo

NOTE SULL'ATTIVITÀ

Libro di bordo del neonato

STATO D'ANIMO DEL BAMBINO 😁 ☹ 😌 😐 😠 **DATA**

CIBO

AM			PM		
Tempo	Cibo	Importo	Tempo	Cibo	Importo

DORMIRE

AM			PM		
Inizio	Fine	Durata	Inizio	Fine	Durata

PANNOLIN

Pipì/cacca Tempo

Pipì/cacca Tempo

NOTE SULL'ATTIVITÀ

Libro di bordo del neonato

STATO D'ANIMO DEL BAMBINO 😁 ☹️ 😌 😐 😠   **DATA**

CIBO

AM			PM		
Tempo	Cibo	Importo	Tempo	Cibo	Importo

DORMIRE

AM			PM		
Inizio	Fine	Durata	Inizio	Fine	Durata

PANNOLIN

Pipì/cacca Tempo   Pipì/cacca Tempo

○ ○ ————   ○ ○ ————

○ ○ ————   ○ ○ ————

○ ○ ————   ○ ○ ————

NOTE SULL'ATTIVITÀ

Libro di bordo del neonato

STATO D'ANIMO DEL BAMBINO

DATA

CIBO

AM

Tempo	Cibo	Importo

PM

Tempo	Cibo	Importo

DORMIRE

AM

Inizio	Fine	Durata

PM

Inizio	Fine	Durata

PANNOLIN

Pipì/cacca Tempo

Pipì/cacca Tempo

NOTE SULL'ATTIVITÀ

Libro di bordo del neonato

STATO D'ANIMO DEL BAMBINO 😁 ☹ 😌 😐 😠   **DATA**

CIBO

	AM			PM	
Tempo	Cibo	Importo	Tempo	Cibo	Importo

DORMIRE

	AM			PM	
Inizio	Fine	Durata	Inizio	Fine	Durata

PANNOLIN

Pipì/cacca Tempo   Pipì/cacca Tempo

○ ○ ——   ○ ○ ——
○ ○ ——   ○ ○ ——
○ ○ ——   ○ ○ ——

NOTE SULL'ATTIVITÀ

Libro di bordo del neonato

STATO D'ANIMO DEL BAMBINO

😁 ☹ 😌 😐 😠

DATA

CIBO

Tempo	**AM** Cibo	Importo		Tempo	**PM** Cibo	Importo

DORMIRE

Inizio	**AM** Fine	Durata		Inizio	**PM** Fine	Durata

PANNOLIN

Pipì/cacca Tempo

○ ○ ———
○ ○ ———
○ ○ ———

Pipì/cacca Tempo

○ ○ ———
○ ○ ———
○ ○ ———

NOTE SULL'ATTIVITÀ

Libro di bordo del neonato

STATO D'ANIMO DEL BAMBINO 😁 ☹ 😌 😐 😠 **DATA**

CIBO

| AM | | | | PM | |
Tempo	Cibo	Importo	Tempo	Cibo	Importo

DORMIRE

| AM | | | | PM | |
Inizio	Fine	Durata	Inizio	Fine	Durata

PANNOLIN

Pipì/cacca Tempo   Pipì/cacca Tempo

○ ○ ______   ○ ○ ______

○ ○ ______   ○ ○ ______

○ ○ ______   ○ ○ ______

NOTE SULL'ATTIVITÀ

Libro di bordo del neonato

STATO D'ANIMO DEL BAMBINO

DATA

CIBO

AM

Tempo	Cibo	Importo

PM

Tempo	Cibo	Importo

DORMIRE

AM

Inizio	Fine	Durata

PM

Inizio	Fine	Durata

PANNOLIN

Pipì/cacca Tempo

Pipì/cacca Tempo

NOTE SULL'ATTIVITÀ

Libro di bordo del neonato

STATO D'ANIMO DEL BAMBINO 😁 ☹️ 😌 😐 😠 **DATA**

CIBO

AM

Tempo	Cibo	Importo

PM

Tempo	Cibo	Importo

DORMIRE

AM

Inizio	Fine	Durata

PM

Inizio	Fine	Durata

PANNOLIN

Pipì/cacca Tempo	Pipì/cacca Tempo
○ ○ ———	○ ○ ———
○ ○ ———	○ ○ ———
○ ○ ———	○ ○ ———

NOTE SULL'ATTIVITÀ

Libro di bordo del neonato

STATO D'ANIMO DEL BAMBINO 😁 ☹ 😌 😐 😠   **DATA**

CIBO

AM			PM		
Tempo	Cibo	Importo	Tempo	Cibo	Importo

DORMIRE

AM			PM		
Inizio	Fine	Durata	Inizio	Fine	Durata

PANNOLIN

Pipì/cacca Tempo   Pipì/cacca Tempo

NOTE SULL'ATTIVITÀ

Libro di bordo del neonato

STATO D'ANIMO DEL BAMBINO 😁 ☹ 😌 😐 😠 **DATA**

CIBO

	AM			PM	
Tempo	Cibo	Importo	Tempo	Cibo	Importo

DORMIRE

	AM			PM	
Inizio	Fine	Durata	Inizio	Fine	Durata

PANNOLIN

Pipì/cacca Tempo

Pipì/cacca Tempo

NOTE SULL'ATTIVITÀ

Libro di bordo del neonato

STATO D'ANIMO DEL BAMBINO 😁 ☹️ 😌 😐 😠 **DATA**

CIBO

AM

Tempo	Cibo	Importo

PM

Tempo	Cibo	Importo

DORMIRE

AM

Inizio	Fine	Durata

PM

Inizio	Fine	Durata

PANNOLIN

Pipì/cacca Tempo

Pipì/cacca Tempo

NOTE SULL'ATTIVITÀ

Libro di bordo del neonato

STATO D'ANIMO DEL BAMBINO 😁 ☹ 😌 😐 😠 **DATA**

CIBO

	AM				**PM**	
Tempo	Cibo	Importo		Tempo	Cibo	Importo
————	————	————		————	————	————
————	————	————		————	————	————
————	————	————		————	————	————
————	————	————		————	————	————
————	————	————		————	————	————

DORMIRE

	AM				**PM**	
Inizio	Fine	Durata		Inizio	Fine	Durata
————	————	————		————	————	————
————	————	————		————	————	————
————	————	————		————	————	————
————	————	————		————	————	————
————	————	————		————	————	————

PANNOLIN

Pipì/cacca	Tempo		Pipì/cacca	Tempo
○ ○	————		○ ○	————
○ ○	————		○ ○	————
○ ○	————		○ ○	————

NOTE SULL'ATTIVITÀ

Libro di bordo del neonato

STATO D'ANIMO DEL BAMBINO 😁 ☹ 😌 😐 😠 **DATA**

CIBO

| AM | | | | PM | |
Tempo	Cibo	Importo	Tempo	Cibo	Importo

DORMIRE

| AM | | | | PM | |
Inizio	Fine	Durata	Inizio	Fine	Durata

PANNOLIN

Pipì/cacca Tempo   Pipì/cacca Tempo

○ ○ ———   ○ ○ ———
○ ○ ———   ○ ○ ———
○ ○ ———   ○ ○ ———

NOTE SULL'ATTIVITÀ

Libro di bordo del neonato

STATO D'ANIMO DEL BAMBINO 😁 ☹ 😌 😐 😠   **DATA**

CIBO

AM			PM		
Tempo	Cibo	Importo	Tempo	Cibo	Importo
___	___	___	___	___	___
___	___	___	___	___	___
___	___	___	___	___	___
___	___	___	___	___	___
___	___	___	___	___	___
___	___	___	___	___	___

DORMIRE

AM			PM		
Inizio	Fine	Durata	Inizio	Fine	Durata
___	___	___	___	___	___
___	___	___	___	___	___
___	___	___	___	___	___
___	___	___	___	___	___
___	___	___	___	___	___
___	___	___	___	___	___

PANNOLIN

Pipì/cacca Tempo	Pipì/cacca Tempo
○ ○ ———	○ ○ ———
○ ○ ———	○ ○ ———
○ ○ ———	○ ○ ———

NOTE SULL'ATTIVITÀ

Libro di bordo del neonato

STATO D'ANIMO DEL BAMBINO   😁 ☹ 😌 😐 😠   **DATA**

CIBO

| AM | | | | PM | |
Tempo	Cibo	Importo	Tempo	Cibo	Importo

DORMIRE

| AM | | | | PM | |
Inizio	Fine	Durata	Inizio	Fine	Durata

PANNOLIN

Pipì/cacca Tempo   Pipì/cacca Tempo

O O —————   O O —————
O O —————   O O —————
O O —————   O O —————

NOTE SULL'ATTIVITÀ

Libro di bordo del neonato

STATO D'ANIMO DEL BAMBINO 😁 ☹️ 😌 😐 😠   **DATA**

CIBO

	AM			PM	
Tempo	Cibo	Importo	Tempo	Cibo	Importo

DORMIRE

	AM			PM	
Inizio	Fine	Durata	Inizio	Fine	Durata

PANNOLIN

Pipì/cacca	Tempo	Pipì/cacca	Tempo
○ ○	——	○ ○	——
○ ○	——	○ ○	——
○ ○	——	○ ○	——

NOTE SULL'ATTIVITÀ

Libro di bordo del neonato

STATO D'ANIMO DEL BAMBINO 😁 ☹️ 😌 😐 😠   **DATA**

CIBO

AM			PM		
Tempo	Cibo	Importo	Tempo	Cibo	Importo

DORMIRE

AM			PM		
Inizio	Fine	Durata	Inizio	Fine	Durata

PANNOLIN

Pipì/cacca Tempo   Pipì/cacca Tempo

○ ○ ———   ○ ○ ———

○ ○ ———   ○ ○ ———

○ ○ ———   ○ ○ ———

NOTE SULL'ATTIVITÀ

Libro di bordo del neonato

STATO D'ANIMO DEL BAMBINO 😁 ☹ 😌 😐 😠 **DATA**

CIBO

| | AM | | | | PM | |
Tempo	Cibo	Importo		Tempo	Cibo	Importo
___	___	___		___	___	___
___	___	___		___	___	___
___	___	___		___	___	___
___	___	___		___	___	___
___	___	___		___	___	___
___	___	___		___	___	___

DORMIRE

| | AM | | | | PM | |
Inizio	Fine	Durata		Inizio	Fine	Durata
___	___	___		___	___	___
___	___	___		___	___	___
___	___	___		___	___	___
___	___	___		___	___	___
___	___	___		___	___	___

PANNOLIN

Pipì/cacca Tempo		Pipì/cacca Tempo
○ ○ ___		○ ○ ___
○ ○ ___		○ ○ ___
○ ○ ___		○ ○ ___

NOTE SULL'ATTIVITÀ

Libro di bordo del neonato

STATO D'ANIMO DEL BAMBINO 😁 ☹ 😌 😐 😠 **DATA**

CIBO

AM

Tempo	Cibo	Importo	Tempo	Cibo	Importo

PM

DORMIRE

AM

Inizio	Fine	Durata	Inizio	Fine	Durata

PM

PANNOLIN

Pipì/cacca Tempo ○ ○ —— Pipì/cacca Tempo ○ ○ ——

NOTE SULL'ATTIVITÀ

Libro di bordo del neonato

STATO D'ANIMO DEL BAMBINO

DATA

CIBO

AM

Tempo	Cibo	Importo

PM

Tempo	Cibo	Importo

DORMIRE

AM

Inizio	Fine	Durata

PM

Inizio	Fine	Durata

PANNOLIN

Pipì/cacca Tempo

Pipì/cacca Tempo

NOTE SULL'ATTIVITÀ

Libro di bordo del neonato

STATO D'ANIMO DEL BAMBINO 😁 ☹️ 😌 😐 😠   **DATA**

CIBO

AM			PM		
Tempo	Cibo	Importo	Tempo	Cibo	Importo

DORMIRE

AM			PM		
Inizio	Fine	Durata	Inizio	Fine	Durata

PANNOLIN

Pipì/cacca Tempo   Pipì/cacca Tempo

NOTE SULL'ATTIVITÀ

Libro di bordo del neonato

STATO D'ANIMO DEL BAMBINO　😁　☹　😌　😐　😠　　**DATA**

CIBO

AM			PM		
Tempo	Cibo	Importo	Tempo	Cibo	Importo
___	___	___	___	___	___
___	___	___	___	___	___
___	___	___	___	___	___
___	___	___	___	___	___
___	___	___	___	___	___
___	___	___	___	___	___

DORMIRE

AM			PM		
Inizio	Fine	Durata	Inizio	Fine	Durata
___	___	___	___	___	___
___	___	___	___	___	___
___	___	___	___	___	___
___	___	___	___	___	___
___	___	___	___	___	___

PANNOLIN

Pipì/cacca Tempo		Pipì/cacca Tempo	
○ ○	___	○ ○	___
○ ○	___	○ ○	___
○ ○	___	○ ○	___

NOTE SULL'ATTIVITÀ

Libro di bordo del neonato

CIBO

AM

Tempo	Cibo	Importo

PM

Tempo	Cibo	Importo

DORMIRE

AM

Inizio	Fine	Durata

PM

Inizio	Fine	Durata

PANNOLIN

Pipì/cacca Tempo

Pipì/cacca Tempo

NOTE SULL'ATTIVITÀ

Libro di bordo del neonato

STATO D'ANIMO DEL BAMBINO 😁 ☹ 😌 😐 😠   **DATA**

CIBO

AM			PM		
Tempo	Cibo	Importo	Tempo	Cibo	Importo
___	___	___	___	___	___
___	___	___	___	___	___
___	___	___	___	___	___
___	___	___	___	___	___
___	___	___	___	___	___
___	___	___	___	___	___

DORMIRE

AM			PM		
Inizio	Fine	Durata	Inizio	Fine	Durata
___	___	___	___	___	___
___	___	___	___	___	___
___	___	___	___	___	___
___	___	___	___	___	___
___	___	___	___	___	___

PANNOLIN

Pipì/cacca Tempo	Pipì/cacca Tempo
○ ○ ___	○ ○ ___
○ ○ ___	○ ○ ___
○ ○ ___	○ ○ ___

NOTE SULL'ATTIVITÀ

Libro di bordo del neonato

STATO D'ANIMO DEL BAMBINO   😁 🙁 😌 😐 😠   **DATA**

CIBO

AM			PM		
Tempo	Cibo	Importo	Tempo	Cibo	Importo

DORMIRE

AM			PM		
Inizio	Fine	Durata	Inizio	Fine	Durata

PANNOLIN

Pipì/cacca Tempo   Pipì/cacca Tempo

NOTE SULL'ATTIVITÀ

Libro di bordo del neonato

STATO D'ANIMO DEL BAMBINO 😁 ☹ 😌 😐 😠 **DATA**

CIBO

AM			PM		
Tempo	Cibo	Importo	Tempo	Cibo	Importo

DORMIRE

AM			PM		
Inizio	Fine	Durata	Inizio	Fine	Durata

PANNOLIN

Pipì/cacca Tempo   Pipì/cacca Tempo

NOTE SULL'ATTIVITÀ

Libro di bordo del neonato

CIBO

AM

Tempo	Cibo	Importo

PM

Tempo	Cibo	Importo

DORMIRE

AM

Inizio	Fine	Durata

PM

Inizio	Fine	Durata

PANNOLIN

Pipì/cacca Tempo

Pipì/cacca Tempo

NOTE SULL'ATTIVITÀ

Libro di bordo del neonato

STATO D'ANIMO DEL BAMBINO 😁 ☹️ 😌 😐 😠 **DATA**

CIBO

	AM				PM	
Tempo	Cibo	Importo		Tempo	Cibo	Importo
___	___	___		___	___	___
___	___	___		___	___	___
___	___	___		___	___	___
___	___	___		___	___	___
___	___	___		___	___	___
___	___	___		___	___	___

DORMIRE

	AM				PM	
Inizio	Fine	Durata		Inizio	Fine	Durata
___	___	___		___	___	___
___	___	___		___	___	___
___	___	___		___	___	___
___	___	___		___	___	___
___	___	___		___	___	___

PANNOLIN

Pipì/cacca	Tempo		Pipì/cacca	Tempo
○ ○	___		○ ○	___
○ ○	___		○ ○	___
○ ○	___		○ ○	___

NOTE SULL'ATTIVITÀ

Libro di bordo del neonato

STATO D'ANIMO DEL BAMBINO 😁 ☹️ 😌 😐 😠   **DATA**

CIBO

AM			PM		
Tempo	Cibo	Importo	Tempo	Cibo	Importo
———	———	———	———	———	———
———	———	———	———	———	———
———	———	———	———	———	———
———	———	———	———	———	———
———	———	———	———	———	———
———	———	———	———	———	———

DORMIRE

AM			PM		
Inizio	Fine	Durata	Inizio	Fine	Durata
———	———	———	———	———	———
———	———	———	———	———	———
———	———	———	———	———	———
———	———	———	———	———	———
———	———	———	———	———	———
———	———	———	———	———	———

PANNOLIN

Pipì/cacca	Tempo	Pipì/cacca	Tempo
○ ○	———	○ ○	———
○ ○	———	○ ○	———
○ ○	———	○ ○	———

NOTE SULL'ATTIVITÀ

Libro di bordo del neonato

CIBO

AM			PM		
Tempo	Cibo	Importo	Tempo	Cibo	Importo

DORMIRE

AM			PM		
Inizio	Fine	Durata	Inizio	Fine	Durata

PANNOLIN

Pipì/cacca Tempo   Pipì/cacca Tempo

NOTE SULL'ATTIVITÀ

Libro di bordo del neonato

STATO D'ANIMO DEL BAMBINO 😁 ☹️ 😌 😐 😠 **DATA**

CIBO

| AM | | | PM | | |
Tempo	Cibo	Importo	Tempo	Cibo	Importo
___	___	___	___	___	___
___	___	___	___	___	___
___	___	___	___	___	___
___	___	___	___	___	___
___	___	___	___	___	___
___	___	___	___	___	___

DORMIRE

| AM | | | PM | | |
Inizio	Fine	Durata	Inizio	Fine	Durata
___	___	___	___	___	___
___	___	___	___	___	___
___	___	___	___	___	___
___	___	___	___	___	___
___	___	___	___	___	___

PANNOLIN

Pipì/cacca Tempo	Pipì/cacca Tempo
◯ ◯ ___	◯ ◯ ___
◯ ◯ ___	◯ ◯ ___
◯ ◯ ___	◯ ◯ ___

NOTE SULL'ATTIVITÀ

Libro di bordo del neonato

STATO D'ANIMO DEL BAMBINO   😁 ☹ 😌 😐 😠   **DATA**

CIBO

	AM			PM	
Tempo	Cibo	Importo	Tempo	Cibo	Importo

DORMIRE

	AM			PM	
Inizio	Fine	Durata	Inizio	Fine	Durata

PANNOLIN

Pipì/cacca	Tempo	Pipì/cacca	Tempo
○ ○		○ ○	
○ ○		○ ○	
○ ○		○ ○	

NOTE SULL'ATTIVITÀ

Libro di bordo del neonato

STATO D'ANIMO DEL BAMBINO 😁 ☹ 😌 😐 😠 **DATA**

CIBO

AM

Tempo	Cibo	Importo

PM

Tempo	Cibo	Importo

DORMIRE

AM

Inizio	Fine	Durata

PM

Inizio	Fine	Durata

PANNOLIN

Pipì/cacca Tempo

○ ○ ———
○ ○ ———
○ ○ ———

Pipì/cacca Tempo

○ ○ ———
○ ○ ———
○ ○ ———

NOTE SULL'ATTIVITÀ

Libro di bordo del neonato

STATO D'ANIMO DEL BAMBINO 😁 ☹️ 😌 😐 😠 **DATA**

CIBO

	AM				PM	
Tempo	Cibo	Importo	Tempo	Cibo	Importo

DORMIRE

	AM				PM	
Inizio	Fine	Durata	Inizio	Fine	Durata

PANNOLIN

Pipì/cacca Tempo — Pipì/cacca Tempo

NOTE SULL'ATTIVITÀ

Libro di bordo del neonato

STATO D'ANIMO DEL BAMBINO 😁 ☹️ 😌 😐 😠   **DATA**

CIBO

AM			**PM**		
Tempo	Cibo	Importo	Tempo	Cibo	Importo

DORMIRE

AM			**PM**		
Inizio	Fine	Durata	Inizio	Fine	Durata

PANNOLIN

Pipì/cacca Tempo		Pipì/cacca Tempo
○ ○ ———		○ ○ ———
○ ○ ———		○ ○ ———
○ ○ ———		○ ○ ———

NOTE SULL'ATTIVITÀ

Libro di bordo del neonato

STATO D'ANIMO DEL BAMBINO 😁 ☹ 😌 😐 😠   **DATA**

CIBO

AM				PM	
Tempo	Cibo	Importo	Tempo	Cibo	Importo

DORMIRE

AM				PM	
Inizio	Fine	Durata	Inizio	Fine	Durata

PANNOLIN

Pipì/cacca	Tempo		Pipì/cacca	Tempo
◯ ◯			◯ ◯	
◯ ◯			◯ ◯	
◯ ◯			◯ ◯	

NOTE SULL'ATTIVITÀ

Libro di bordo del neonato

STATO D'ANIMO DEL BAMBINO 😁 ☹ 😌 😐 😠   **DATA**

CIBO

	AM			PM	
Tempo	Cibo	Importo	Tempo	Cibo	Importo

DORMIRE

	AM			PM	
Inizio	Fine	Durata	Inizio	Fine	Durata

PANNOLIN

Pipì/cacca Tempo   Pipì/cacca Tempo

NOTE SULL'ATTIVITÀ

Libro di bordo del neonato

STATO D'ANIMO DEL BAMBINO 😁 ☹ 😌 😐 😠

DATA

CIBO

	AM			PM	
Tempo	Cibo	Importo	Tempo	Cibo	Importo

DORMIRE

	AM			PM	
Inizio	Fine	Durata	Inizio	Fine	Durata

PANNOLIN

Pipì/cacca	Tempo	Pipì/cacca	Tempo
○ ○		○ ○	
○ ○		○ ○	
○ ○		○ ○	

NOTE SULL'ATTIVITÀ

Libro di bordo del neonato

STATO D'ANIMO DEL BAMBINO

DATA

CIBO

AM

Tempo	Cibo	Importo

PM

Tempo	Cibo	Importo

DORMIRE

AM

Inizio	Fine	Durata

PM

Inizio	Fine	Durata

PANNOLIN

Pipì/cacca Tempo

Pipì/cacca Tempo

NOTE SULL'ATTIVITÀ

Libro di bordo del neonato

STATO D'ANIMO DEL BAMBINO 😁 ☹ 😌 😐 😠 **DATA**

CIBO

AM

Tempo	Cibo	Importo
————	————	————
————	————	————
————	————	————
————	————	————
————	————	————
————	————	————

PM

Tempo	Cibo	Importo
————	————	————
————	————	————
————	————	————
————	————	————
————	————	————
————	————	————

DORMIRE

AM

Inizio	Fine	Durata
————	————	————
————	————	————
————	————	————
————	————	————
————	————	————

PM

Inizio	Fine	Durata
————	————	————
————	————	————
————	————	————
————	————	————
————	————	————

PANNOLIN

Pipì/cacca	Tempo		Pipì/cacca	Tempo
○ ○	————		○ ○	————
○ ○	————		○ ○	————
○ ○	————		○ ○	————

NOTE SULL'ATTIVITÀ

Libro di bordo del neonato

STATO D'ANIMO DEL BAMBINO 😁 ☹️ 😌 😐 😠 **DATA**

CIBO

AM

Tempo	Cibo	Importo

PM

Tempo	Cibo	Importo

DORMIRE

AM

Inizio	Fine	Durata

PM

Inizio	Fine	Durata

PANNOLIN

Pipì/cacca Tempo

○ ○ ———

○ ○ ———

○ ○ ———

Pipì/cacca Tempo

○ ○ ———

○ ○ ———

○ ○ ———

NOTE SULL'ATTIVITÀ

Libro di bordo del neonato

STATO D'ANIMO DEL BAMBINO 😁 ☹️ 😌 😐 😠   **DATA**

CIBO

| | AM | | | | PM | |
Tempo	Cibo	Importo		Tempo	Cibo	Importo
___	___	___		___	___	___
___	___	___		___	___	___
___	___	___		___	___	___
___	___	___		___	___	___
___	___	___		___	___	___
___	___	___		___	___	___

DORMIRE

| | AM | | | | PM | |
Inizio	Fine	Durata		Inizio	Fine	Durata
___	___	___		___	___	___
___	___	___		___	___	___
___	___	___		___	___	___
___	___	___		___	___	___
___	___	___		___	___	___

PANNOLIN

Pipì/cacca Tempo   Pipì/cacca Tempo

○ ○ ———   ○ ○ ———

○ ○ ———   ○ ○ ———

○ ○ ———   ○ ○ ———

NOTE SULL'ATTIVITÀ

Libro di bordo del neonato

STATO D'ANIMO DEL BAMBINO

DATA

CIBO

AM

Tempo	Cibo	Importo

PM

Tempo	Cibo	Importo

DORMIRE

AM

Inizio	Fine	Durata

PM

Inizio	Fine	Durata

PANNOLIN

Pipì/cacca Tempo

Pipì/cacca Tempo

NOTE SULL'ATTIVITÀ